NIVEL
2

Los Lobos

Laura Marsh

NATIONAL
GEOGRAPHIC

Washington, D.C.

Para Bonnie
—L. F. M.

Todas las imágenes son de lobos grises, excepto en casos especialmente indicados.

Diseñado por YAY! Design

Libro en rústica: 978-1-4263-2492-5
Encuadernación de biblioteca: 978-1-4263-2493-2

Impreso en los Estados Unidos de América
15/WOR/1

Tabla de contenidos

¿Qué es ese sonido?

¡Aruuuuuu!

A la distancia se escucha un aullido solitario. Luego, más voces se unen a la llamada. El coro de aullidos te da escalofríos.

¿Quiénes son los que están haciendo este ruido escalofriante?

¡Los lobos!

Lobos por todas partes

Los lobos se encuentran en todo el mundo. Viven en lugares calurosos como los desiertos. También viven en lugares fríos como el Polo Norte.

Lobo Ibérico

El lobo más común es el lobo gris.

Hay más de 30 clases de lobos grises. Y no sólo son de color gris. También son marrones, negros, blancos y beige.

Lobo Ártico

Lobo Norteamericano

Los lobos y los perros

Los lobos son los miembros más grandes de la familia de los cánidos. Los zorros, los coyotes, los chacales, los perros salvajes y los perros domésticos también son miembros de esta familia.

Coyote

Chacal

Perro salvaje

Zorro rojo

Perro domésti...

Lobo

Pastor Alemán

Lobo Norteamericano

Nuestros perros domésticos son parientes del lobo gris. Por eso se parecen.

Palabra clave

DOMÉSTICO: Un animal manso que convive con los humanos.

¡Este lobo y este Golden Retriever son primos!

El lobo

Hocico más largo

Mandíbula más fuerte

Dientes más grandes

El perro

Cabeza más redonda

Patas más cortas

Pero los lobos y los perros tienen varias diferencias.

Los lobos tienen un hocico más largo, una mandíbula más fuerte y dientes más grandes. Los perros tienen una cabeza más redonda y patas más cortas.

La diferencia más importante es que a los perros les gusta estar con la gente y los lobos prefieren estar con otros lobos.

La vida en manada

Los lobos viven en grupos de familia que se llaman manadas. Una manada incluye un macho, una hembra, sus cachorros y algunos lobos de otras manadas que se unen al grupo.

Normalmente hay de seis a diez lobos en una manada.

Los lobos se necesitan unos a otros. Juntos buscan comida, se protegen y cuidan a los cachorros. Un lobo solo no puede sobrevivir mucho tiempo.

Cazando

Los lobos son excelentes cazadores. Pueden recorrer muchas millas sin cansarse. Normalmente pueden correr más rápido que sus presas.

Los lobos comen animales pequeños como los conejos. También comen animales grandes como los alces, los ciervos, los caribús y los bisontes.

Los lobos comen mucho. Pueden comer hasta 20 libras de carne en una sola comida. ¡Eso sería 200 salchichas!

Palabra clave

PRESA: Un animal que es comido por otro animal

Los lobos hablan

¿Cómo "hablan" los lobos
con los otros de su manada?
Gimen, ladran, gruñen y rugen.

Pero cuando necesitan hablar a
larga distancia, los lobos aúllan.
Y cuando un lobo empieza a
aullar, los otros generalmente
lo acompañan.

¡Los lobos son famosos por
sus aullidos!

Líderes de la manada

Los líderes de la manada se llaman lobos alfa. Hay un macho alfa y una hembra alfa en cada manada. Son los cazadores más inteligentes y los mejores.

Los lobos alfa guían a la manada. Deciden cuándo dejar de cazar y dónde dormir en la noche. Los lobos alfa también son los primeros en comer.

Palabra clave

ALFA: El líder del grupo

Un lobo alfa pone el hocico arriba del hocico de otro miembro de la manada para mostrarle quién tiene el control.

Los cachorros

Los lobos bebés se llaman cachorros. Nacen entre cuatro a seis cachorros por camada.

Cuando nacen, los cachorros pesan una libra y no pueden ver ni oír. Se acurrucan con su mamá en la madriguera durante las primeras dos semanas de su vida.

Todos los días se ponen más grandes y más fuertes. Cuando tienen tres semanas, salen de la madriguera a explorar.

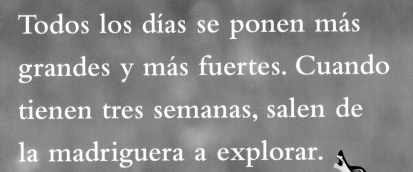

Palabras claves

CAMADA: Un grupo de animales que nacen juntos

MADRIGUERA: Un lugar escondido en una cueva o debajo de la tierra donde los animales viven

Cuando los cachorros son
más grandes, otros lobos de la
manada los cuidan. Les llevan
comida y los cuidan mientras
los demás están cazando.

Los cachorros empiezan a cazar con la manada cuando tienen seis meses. Cuando los lobos jóvenes tienen dos o tres años, salen para formar sus propias manadas.

8 Curiosidades sobre los lobos

1

Los cachorros abren los ojos dos semanas después de haber nacido.

2

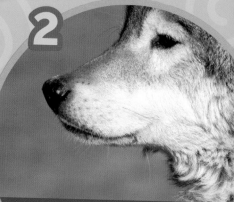

El olfato del lobo es 100 veces más poderoso que el olfato del hombre.

3

Los cachorros recién nacidos no se pueden mantener calentitos. Necesitan el calor de su mamá.

4

Cada lobo tiene su propio aullido, diferente del aullido de otros lobos.

5

Los lobos normalmente no salen a cazar fuera de su territorio de caza.

6

Los cachorros juegan con "juguetes" como por ejemplo pequeños animales muertos o parte de huesos o pelos.

7

Un lobo alfa muestra que tiene el control cuando camina con la cola y las orejas paradas.

8

Los lobos recorren largas distancias – ¡hasta 12 millas en un día!

Menos lobos

No es común que los lobos ataquen a las personas. Tienen miedo de la gente. Pero sí atacan a los animales de las granjas. Por esta razón, los humanos han matado a millones de lobos. Mataron a tantos lobos que en algunos lugares ya no había más lobos.

Piel de lobos matados por cazadores

Hoy hay aproximadamente 100 lobos rojos en su hábitat natural.

Algunas personas que estaban preocupadas por la posible extinción de los lobos decidieron ayudar. Hicieron leyes para protegerlos. Hoy los lobos habitan nuevamente muchos lugares del mundo.

Palabra clave

EXTINTO: Un grupo de animales que ya no vive se ha vuelto extinto

27

Los lobos regresan

Los lobos han vuelto al Parque Nacional Yellowstone. En un momento, el parque tenía muchos lobos. Pero sólo quedaba uno en 1926.

Los científicos llevaron lobos de Canadá a Yellowstone en 1995. Esos lobos tuvieron cachorros.

Ahora hay aproximadamente 100 lobos en Yellowstone. Una vez más los lobos consideran al parque como su casa.

Desafía a tus padres

¿Pueden tus padres responder bien estas preguntas sobre los lobos? ¡Quizás tú sabes más que ellos!

Las respuestas se encuentran en la página 31.

1

¿Dónde viven los lobos?

A. En el desierto
B. En las montañas
C. En el bosque
D. Todas las anteriores

2

La forma que los lobos tienen de "hablar" a larga distancia es _____.

A. Piar
B. Chillar
C. Aullar
D. Zumbar

3

¿Cuál es el lobo más común?

A. El lobo rojo
B. El lobo gris
C. El lobo italiano
D. El hombre lobo

4

¿Cómo se llama el líder de la manada?

A. El lobo jefe
B. El presidente
C. El lobo alfa
D. El lobo principal

5

¿Cómo se llama un lobo bebé?

A. Una cría
B. Un ternero
C. Un cachorro
D. Un potro

6

¿Por qué hay menos lobos hoy que antes?

A. Cazadores
B. Contaminación
C. Huracanes
D. Enfermedades

7

¿Qué les gusta comer a los lobos?

A. Hamburguesas y papas fritas
B. Moras y pasto
C. Insectos
D. Conejos, ciervos y alces

ALFA: El líder del grupo

CAMADA: Un grupo de animales que nacen juntos

DOMÉSTICO: Un animal doméstico es manso y convive con los humanos

EXTINTO: Un grupo de animales que ya no vive se ha vuelto extinto

MADRIGUERA: Un lugar escondido en una cueva debajo de la tierra donde viven los animales

PRESA: Un animal que es comido por otro animal